Karl-Heinz Morscheck

Schritt für Schritt

Federzeichnungen

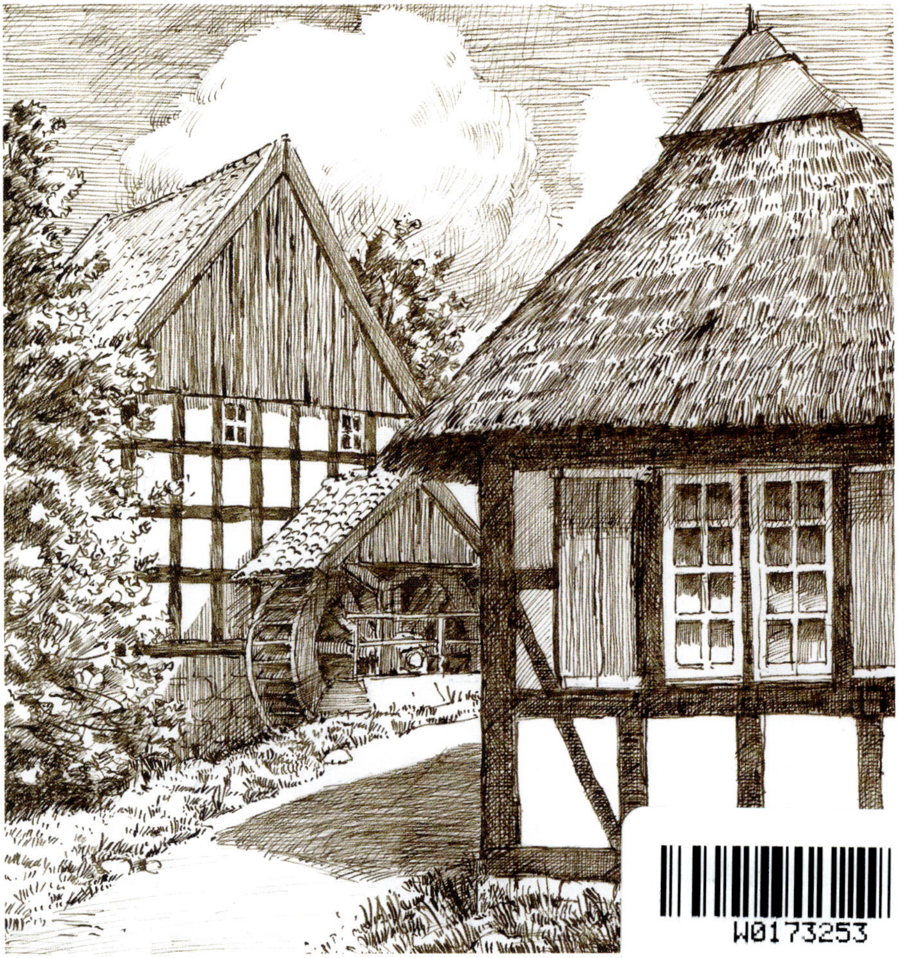

ENGLISCH VERLAG

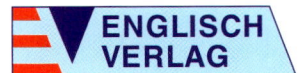

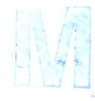

Die Deutsche Bibliothek – CIP-Einheitsaufnahme
Federzeichnungen / Karl-Heinz Morscheck. – Wiesbaden: Englisch, 2000
(Schritt für Schritt)
ISBN 3-8241-0978-6

© by Englisch Verlag GmbH, Wiesbaden 2000
ISBN 3-8241-0978-6
Alle Rechte vorbehalten. Nachdruck, auch auszugsweise, verboten.
Fotos: Frank Schuppelius
Herstellung: Michael Feuerer
Printed in Spain

Inhaltsverzeichnis

Vorwort

Das Zeichnen mit Federn und Tuschen ist etwas Besonderes. Kreiden, Kohle, Pastelle und weiche Bleistifte erlauben einen vielfältigen Umgang mit den zugleich zeichnerischen und malerischen Eigenschaften des Materials. Federn und Tuschen verweisen auf die Grundelemente der Zeichnung, auf Punkt und Linie. Malerische Effekte müssen Linie für Linie gesetzt werden, oder sie werden mit dem Pinsel lavierend hinzugefügt. Das erfordert ein bisschen Übung und Lust am Zeichnen. Bei dieser Art des Zeichnens gibt es eine große Bandbreite. Ob man mit der Bambusfeder expressiv zeichnet oder sehr subtil mit der kleinen Stahlfeder, die Resultate fallen ganz unterschiedlich aus.

Mit geringem materiellen Aufwand können ganz spezielle Ergebnisse erzielt werden. Das Zeichnen mit Federn und Tuschen kostet nicht viel, allenfalls sollte an die Oberflächen der Papiere ein höherer Anspruch gestellt werden.

Der zeitliche Aufwand ist kaum größer als bei Arbeiten mit anderen Materialien.

Das genaue Arbeiten ist sehr wichtig, denn man kann kaum etwas gefällig vertuschen. Fehlende Korrekturmöglichkeiten werden durch eine gute Vorzeichnung ausgeglichen. Für alle, die wirklich gut zeichnen möchten, ist der gekonnte Umgang mit Feder und Tusche obligatorisch. Mit der Feder zu zeichnen bedeutet Zeichnen in der konzentriertesten Form.

Dieses Buch soll eine Anregung sein. Es zeigt eine Reihe von Möglichkeiten und gibt Tipps, die beim Einstieg behilflich sein können.

Viel Erfolg und viel Spaß beim Zeichnen mit Tusche und Feder wünscht Ihnen

Ihr Karl-Heinz Morscheck

Material

Natürliche Zeichenfedern

Bambus und Schilf

Ursprüngliche Zeichenfedern liefert die Natur in Fülle. Schilf- und Bambusrohr sind seit tausenden von Jahren als Schreib- und Zeichenwerkzeug in Gebrauch. Es ist ein Material, das variabel verwendet werden kann. Ein wenig Geschick braucht man beim Zuspitzen geeigneter Federn. Der Schnitt zur Spitze hin sollte an beiden Seiten gleichmäßig verlaufen. An der Spitze selbst wird ein kleiner Einschnitt gemacht. Als Vorbild kann die Form der Stahlfeder dienen, die der Naturfeder nachempfunden ist. Schilf- und Bambusfedern ermöglichen eine sehr variable und lebendige Linie. Bambusfedern sind auch im Handel erhältlich.

Mit allen Naturfedern lassen sich feine oder kräftige Zeichnungen herstellen. Je nach Gebrauch können ganz variable Linien entstehen, die einer Zeichnung Frische und Lebendigkeit verleihen. Der Umgang erfordert etwas Geduld und Behutsamkeit, um unliebsame Kleckse zu vermeiden. Von Zeit zu Zeit müssen die Federn nachgebessert werden.

Metallfedern

Stahlfedern sind in der ersten Hälfte des 19. Jahrhunderts in England aufgekommen und verbreiteten sich schnell auf dem Kontinent. Sie sind heute die am häufigsten genutzten Federn. Sie ermöglichen eine gleichmäßigere Linie und einen längeren Fluss der Zeichenflüssigkeit als natürliche Federn. Außerdem entfällt das Nachspitzen. Zwischendurch und nach Gebrauch sollten sie jedoch gründlich gesäubert werden. Im Gegensatz zu Naturfedern lassen sich mit Stahlfedern alle denkbaren Schraffuren ausführen. Dadurch wird das zeichne-

Vogelfedern

Ein weiteres natürliches Material sind Federn aus den Schwingen größerer Vögel. Der Gänsekiel war in den vergangenen Jahrhunderten wohl das gebräuchlichste Schreibmittel. Er eignet sich aber auch zum Zeichnen. Die Zuspitzung zur Gebrauchsfeder erfolgt ähnlich wie bei Schilf oder Bambus. Mit der Vogelfeder ist das Zeichnen feinerer Linien und eine längere Dauer des Schreib- oder Zeichenvorganges möglich.

rische Repertoire bedeutend erweitert. Der Stahlfeder fehlt hingegen die Variationsbreite in der Konturlinie. Für exakte und äußerst feine Linien gibt es jedoch keine besseren Federn.

Stahlfedern gibt es in unterschiedlichen Ausführungen. Schreib- und Kunstschriftfedern eignen sich weniger für eine subtile Zeichnung. Die eigentliche Zeichenfeder ist ziemlich klein und besitzt eine entsprechend feine Spitze. Sie ist lose oder mit Halter versehen im Handel erhältlich.

Tuschen und Tinten

Die gebräuchlichsten Zeichenflüssigkeiten sind Tusche und Tinte. Auch sie blicken auf eine lange Tradition als Schreib- und Zeichenmittel zurück. Tinten sind Farbstofflösungen, die auch nach dem Trocknen meist wasserlöslich bleiben. Dadurch eignen sie sich recht gut zum Lavieren, und gezeichnete Linien lassen sich zum Teil auflösen.

Tinten gibt es in unterschiedlichen Farbvarianten. Für die Federzeichnung eignen sich Schwarz und die Töne, die in Richtung Umbra gehen.

Tuschen sind hochdisperse Pigmentaufschlämmungen und trocknen wasserunlöslich auf. Sie unterscheiden sich dadurch technisch deutlich von Tinten. Tuschen bestehen aus Rußen, den Rückständen, die nach der Verbrennung in Öfen oder Schornsteinen haften bleiben. Dabei ergibt die Beschaffenheit des verbrannten Materials eine bestimmte Qualität des Rußes und damit auch die Qualität der Tusche. Bistertusche wird zum Beispiel aus Buchenholz gewonnen und zeichnet sich durch einen gelbbraunen Farbton aus. Werden andere Grundstoffe verwendet, ergeben sich demzufolge andere Farbtöne.

Die gebräuchlichsten Tuschen sind schwarz. Aber auch dabei gibt es unterschiedliche Tönungen. Chinesische Tuschen haben traditionell einen ausgezeichneten Ruf und haben sich in der Praxis bestens bewährt. Schwarze Ausziehtusche, die hier im Handel am häufigsten angeboten wird, eignet sich für die Federzeichnung recht gut.

Die in diesem Band verwendeten Tuschen sind schwarze Ausziehtusche, Bister, Sepia und Umbra.

Papiere und Zeichengründe

Um gut mit der Feder zeichnen zu können, benötigt man geeignete Untergründe. Dazu bieten sich Papiere an, man kann aber auch Kartone verwenden. Sie können weiß oder getönt sein.

Alle Zeichengründe müssen über eine ausreichend feste und glatte Oberfläche verfügen, damit sich die Feder nicht verhaken kann. Die Beschaffenheit von Oberflächen lässt sich beim Kauf von Papieren zuverlässig erfühlen.

Tipps für das Zeichnen mit Federn und Tuschen

Das Zeichnen mit Naturfedern

Bevor Sie Ihre Zeichnung beginnen, sollten Sie sich vergewissern, dass Ihre Bambus- oder Schilffedern eine gute Spitze besitzen. Für die Vorzeichnung eignet sich ein Bleistift HB, B oder auch 2B. Die Umrisslinien müssen dabei nicht exakt wie zum Beispiel bei einer technischen Zeichnung gezogen werden. Eine Skizze ist genau richtig. Die Vorzeichnung sollte aber alle Elemente, die auf dem Papier entstehen sollen, beinhalten, damit sie nicht mehr korrigiert werden müssen. Beim Zeichnen mit Bambus- und Schilffedern gilt die ganze Aufmerksamkeit den Umrisslinien. Dabei wird die Feder hin und wieder abgesetzt. Auf diese Weise entstehen unterbrochene Linien in unterschiedlicher Stärke. Sie machen das Besondere einer solchen Zeichnung aus. Für unterschiedlich starke Linien sorgt bereits der ungleichmäßige Abfluss der Tusche. Dieser Effekt kann noch verstärkt werden, indem man die Feder unterschiedlich stark aufdrückt oder die Haltung des Federhalters etwas verändert. Insgesamt sind kurze Linien geeigneter als zu lange. Sie können Strukturen wiedergeben und Schatten andeuten. Schraffuren lassen sich schlecht ausführen, stattdessen sollten Sie solche Flächen lavieren.

Vogelfedern müssen ausreichend groß sein. Für den Zuschnitt gilt dasselbe wie bei Bambusfedern. Auf den kleinen geraden Einschnitt in der Mitte der Spitze kann man hier aber verzichten. Insgesamt lässt sich mit Vogelfedern ähnlich wie mit Bambus- oder Schilffedern arbeiten. Der Aufdruck sollte mit etwas Gefühl erfolgen, damit sich die Federspitze nicht verbiegt. Dafür fallen die Resultate subtiler aus. Schraffuren sind nur begrenzt möglich.

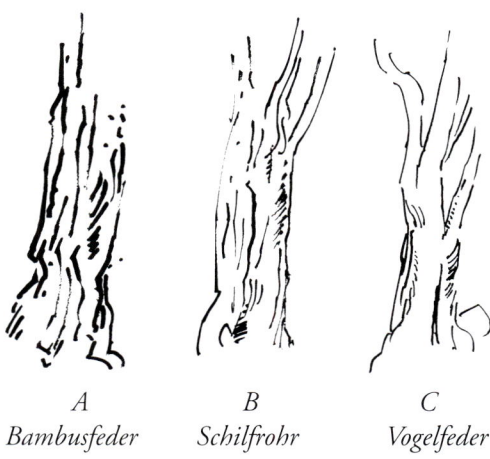

| A | B | C |
| *Bambusfeder* | *Schilfrohr* | *Vogelfeder* |

Das Zeichnen mit Metallfedern

Mit Metallfedern hat man ein Material zur Hand, das einige Strapazen verträgt. Die Stahlfeder erlaubt ein zügigeres Arbeiten als Naturfedern. Wird sie mit Umsicht in die Tuscheflüssigkeit getaucht, werden Kleckse leicht vermieden. Auch hier gilt die Regel: kurze Linien sind besser als zu lange. Eine längere Linie sollte hin und wieder unterbrochen werden. Dabei muss der präzise Anschluss an das schon gezeichnete Linienstück nicht auf den Punkt gesucht werden. Ein kleiner Zwischenraum erfüllt hier einen guten Zweck: Die Wirkung fällt lebendiger aus.

Die Möglichkeit, kleine und feine Linien zu ziehen, erlaubt diverse Schraffuren. Auf diese Weise lassen sich variationsreiche Schattenpartien darstellen. Die wichtigsten Schraffuren sind die Kreuzschraffur, wobei ganze Lagen von Linien in verschiedener Richtung übereinander angeordnet werden, und eine Art Schreibschraffur aus gekrümmten Linien. Letztere erlaubt einen schnellen und flüssigen Zeichenvorgang.

Abbildung A zeigt diverse unterbrochene Linien, die mit der Stahlfeder und mit unterschiedlichem Aufdruck gezeichnet wurden. Auf Abbildung B erkennt man eine Kreuzschraffur, auf Abbildung C die Schreibschraffur.

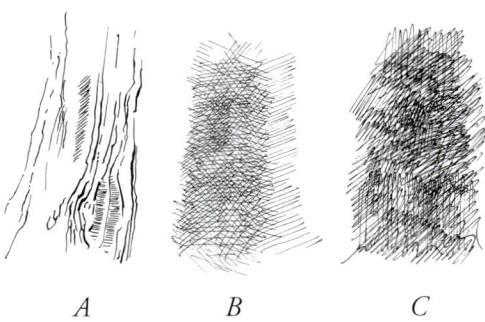

| A | B | C |

Das Lavieren

Lavieren, das heißt das Verwässern der Farbe, eignet sich hervorragend zur Darstellung von Schattenpartien und verleiht der Zeichnung etwas Malerisches. Es gibt zwei Möglichkeiten des Lavierens. Entweder zieht man die vom Federauftrag noch feuchte Farbe mit einem Pinsel nach, oder, die gängigere Methode, man trägt verdünnte Tusche mit einem Aquarellpinsel auf. Zum Verdünnen sollte man destilliertes Wasser verwenden. Aquarellfarben sind ebenfalls bestens geeignet. Sie erlauben eine zusätzliche farbige Variante. Lavieren verlangt große Behutsamkeit, weniger ist meistens besser. Ein guter Aquarellpinsel leistet dabei gute Dienste.

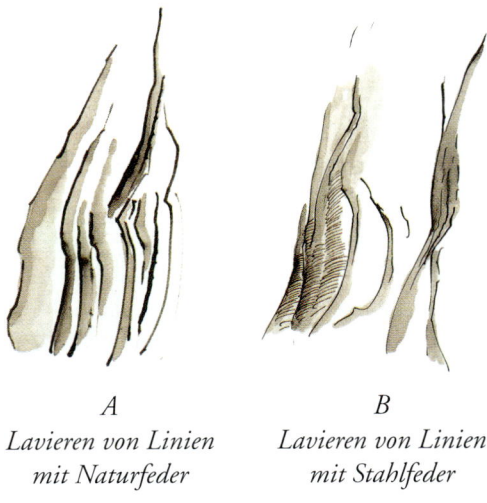

A
Lavieren von Linien
mit Naturfeder

B
Lavieren von Linien
mit Stahlfeder

Vorzeichnung und Korrekturmöglichkeiten

Eine genaue Vorzeichnung ist unerlässlich, da die Korrekturmöglichkeiten bei Tusche begrenzt sind. Eine scharfe Klinge mag hin und wieder helfen, doch die Oberfläche des Papiers sollte möglichst wenig leiden. Die Bleistiftlinien der Vorzeichnung können bis zum Ende stehen bleiben und nach der Beendigung der Zeichnung ausradiert werden.

Schritt für Schritt zum fertigen Bild

Alte Wassermühle (Metallfeder, Sepiatusche)

Fachwerkhäuser besitzen deutlich aufgeteilte Flächen und eine klare Baustruktur. Die Holzverstrebungen werden in der Regel dunkel gemalt und die Wandteile weiß. Solche Kontraste eignen sich für die Darstellung mit Feder und Tusche besonders gut. Der bräunlich kühle Farbton von Sepiatusche verleiht dieser Darstellung eine stimmige Wirkung.

Benötigtes Material: festes Zeichenpapier mit glatter Oberfläche, Bleistift, eine Stahlfeder und Sepiatusche.

Erster Schritt

Die Bleistiftzeichnung muss genau angelegt werden, um die baulichen Merkmale der beiden Häuser wiederzugeben. Ebenso muss die Perspektive stimmen. Die Aufmerksamkeit gilt also vorrangig der Architektur. Die Anordnung von Fachwerk und Fenstern sowie für Wasserrad und Holzverkleidung der Dachstuhlfront geht ins Detail. Gräser und Bäume werden dagegen nur angedeutet und erst im Verlauf der Federzeichnung entwickelt. Nun beginnt die Federzeichnung. Kurze Linien umreißen zunächst den Baum am linken Bildrand. Dahinter bauen exakte Linien das Mühlenhaus auf. Die Details von Fenstern und Mühlrad verbleiben in Umrisslinien.

Zweiter Schritt

Nun wird auch die rechte Bildseite in eine Tuschezeichnung verwandelt. Der Arbeitsverlauf von links nach rechts empfiehlt sich für die ganze Zeichnung. Dadurch werden Verwischungen der aufgetragenen Tusche vermieden. Ist die gesamte Zeichnung in einfachen Tuschelinien erfasst, kann der nächste Arbeitsgang von der linken Bildseite her erfolgen. Kleine gekrümmte Linien und eine leichte Schraffur der Schattenpartien füllen die Umrisslinien des Baumes am Bildrand. Das Fachwerk des Mühlenhauses wird kräftig betont und erhält schon sein endgültiges Aussehen. Der Baum hinter dem Haus er-scheint deutlicher, das Fachwerk des rechten Hauses wird leicht schraffiert und setzt sich damit klar von den weißen Wandteilen ab. Das Strohdach deutet man mit wenigen Linien an. Ebenso kann mit den Grasflächen verfahren werden.

um die Kontraste zwischen Fachwerk und weißen Flächen zu betonen. Die Linien für das Strohdach werden von links nach rechts in Reihen angeordnet. Längere unregelmäßige Linien unterbrechen diese Formation und lockern sie auf. Das Dach wird mehrmals überarbeitet. Als Nächstes werden die Fensterscheiben gezeichnet. Im oberen Teil werden sie dunkler gehalten, um den Eindruck von Glasscheiben zu erzeugen. Die vordere Grasfläche wird intensiv durchgearbeitet. Kurze Linien lassen sich leicht variieren. Hellere und dunklere Stellen sorgen dabei für Abwechslung. Die Schatten auf Weg und Hauswand entstehen durch eine unterschiedliche Schraffur. Zum Schluss werden Himmel und Wolken gezeichnet. Die Wolken werden größtenteils frei belassen. Der Himmel entsteht mit einer Folge parallel und waagerecht verlaufender Linien, die an den Wolkenrändern enden. Durch eine leichte Schraffur können hier einige Partien hervorgehoben werden, um Kontraste zu verstärken.

Dritter Schritt

Wieder wird auf der linken Bildseite begonnen. Da die rechte Hand beim Zeichnen häufig auf dem Papier aufliegt, sollte ein Papier untergeschoben werden, um die Zeichnung zu schonen. Nun sollen alle Bildelemente ihre endgültige Intensität erhalten und harmonisch zueinander passen. Mühlrad und Mühlradkasten sind die kompliziertesten Details. Für die Bretter der Giebelwand werden vorhandene Linien verstärkt und einige neue hinzugefügt. Die Linien müssen unterschiedlich ausfallen, damit der Giebel nicht als einheitliche Fläche erscheint. Beim rechten Haus muss kräftig schraffiert werden,

Steinbruch (Metallfeder, Umbratusche)

Felspartien und Gesteinsbrocken zeigen eine eindrucksvolle Zerklüftung und Struktur. Große und kleine Risse zerfurchen die Oberflächen, und bereits die Formen an sich üben ihren Reiz aus. Eine Zeichnung, die ein solches Motiv einfängt, ist immer etwas Besonderes, weil stark schraffierte Flächen mit völlig freien Flächen abwechseln. Auf diese Weise entsteht eine starke Dynamik.

 **Benötigtes Material:** festes Zeichenpapier mit glatter Oberfläche, eine feine Stahlfeder, Bleistift und Umbratusche.

Erster Schritt

Die Bleistiftzeichnung beschränkt sich auf die wesentlichen Elemente. Der Steinbruch gestaltet sich als tiefe Schlucht mit steil aufragenden Felswänden. Hinzu kommen ein paar größere Gesteinsbrocken im Vordergrund. Vegetation befindet sich am oberen Bildrand und reicht zum Teil in die Schlucht. Die Federzeichnung hält sich zunächst nur an die Umrisslinien. Die oberen Ränder und der große Abbruch auf der linken Bildseite treten hervor. Bei dieser Zeichnung bietet sich ein Arbeitsverlauf von links nach rechts an, zumal die linke Felswand die dunkelste Partie werden soll. Nach der Gestaltung der Umrisse beginnt hier die erste Schraffur.

Zweiter Schritt

Die gesamte linke Felspartie wird einmal durchgezeichnet. Das geschieht zunächst durch eine Abfolge unterschiedlich kurzer Linien, die dicht nebeneinander gesetzt werden. An einigen Stellen werden leichte Schraffuren eingefügt. Die ganze Fläche erscheint mit Rissen und Vorsprüngen schon differenziert. Für den Hintergrund werden kleine Linien nebeneinander gesetzt. Die Abfolge der Reihen deutet dabei Felsbänder an. Zum rechten Rand hin bleiben immer mehr Flächen frei. Wenige Linien lassen tiefe Risse erscheinen. Die Vegetation wird in diesem Schritt noch nicht berücksichtigt.

Die Felswände weisen nun Licht- und Schattenseiten auf, und es wird deutlich, wie weitergezeichnet werden muss.

genügend strukturiert ist. Dieser Bildteil kann ganz fertig gezeichnet werden. Der Felscharakter soll sich auch bei der Wand im Hintergrund zeigen. Es müssen Strukturen sowie Licht- und Schattenpartien entstehen. Für die Wand auf der rechten Bildseite werden deutlich weniger Linien gezeichnet. Diese sollen aber an den richtigen Stellen Risse und Felsbänder andeuten. Der Weg im Vordergrund benötigt nicht so viel Aufmerksamkeit. Die Bäume und Sträucher am oberen Bildrand erfordern andere, viele kleine und gekrümmte Linien. Licht- und Schattenstellen geben die Vegetation wieder. Der Himmel wird durch eine Anzahl paralleler waagerechter Linien dargestellt, die Wolkenformation bleibt frei. Zum Schluss wird die eine oder andere Stelle noch etwas intensiver gezeichnet, um die Kontrastwirkung zu verbessern.

Dritter Schritt

Die linke Felswand wird intensiv weitergezeichnet. Vorhandene Schraffuren werden vertieft, um die Zerklüftungen sichtbar zu machen. Dabei entsteht ein Wechsel von schroffen zu weicheren Übergängen und von dunklen zu hellen Partien. Das Geröll des Vordergrundes zeigt den Kontrast von hell und dunkel noch viel deutlicher. Es werden einzelne Felsbrocken herausgearbeitet, die auf den Betrachter zukommen und folglich detailliert dargestellt werden müssen. Dieser Bildausschnitt muss immer wieder durchgezeichnet werden, bis die Felswand wirklich als Schattenbereich erscheint und gleichzeitig

Winterlandschaft (Metallfeder, schwarze Tusche)

Winterlandschaften lassen sich recht gut in einer Federzeichnung darstellen. Bäume und Sträucher haben ihr Laub verloren, und kahles Geäst reckt sich in den Himmel. Die Struktur der Dinge zeigt sich unverhüllt. Der Zeichnung, die auf Punkt und Linie aufbaut, kommt dies sehr entgegen. Geäst und Zweige lassen sich so bis ins Detail zeigen.

Benötigtes Material: festes Zeichenpapier mit glatter Oberfläche, eine kleine Stahlfeder, ein Bleistift HB und schwarze Ausziehtusche.

Erster Schritt

Am Anfang steht die Vorzeichnung mit Bleistift. Beschränken Sie sich auf wenige Linien. Die Baumgruppe steht im Mittelpunkt, die Bleistiftzeichnung zeigt nur die Stämme und die größeren Äste und Zweige. Das kleine Geäst wird erst später mit der Feder hinzugesetzt. Buschwerk und Wald sind im Hintergrund nur angedeutet. Der Verlauf des Baches sollte hingegen möglichst genau gezeichnet werden, wobei Details vorerst ausgespart bleiben. Die Vorzeichnung beinhaltet Ort, Form und Größe der wesentlichen Elemente.

Jetzt kann die eigentliche Federzeichnung beginnen. Mit der Baumgruppe wird begonnen. Stämme und große Äste erhalten durch die Tusche ein bestimmteres Aussehen. Dabei folgt die Feder ziemlich genau den Bleistiftlinien, um die Umrisse der Bildelemente festzuhalten. Der Wald im Hintergrund wird mit möglichst kurzen Linien angedeutet. Der Bach entsteht behutsam. In diesem Stadium stehen Bleistift- und Federzeichnung nebeneinander. Korrekturen sind jetzt noch in vielen Bereichen möglich.

Zweiter Schritt

Die Aufmerksamkeit gilt der Baumgruppe. Die Bleistiftlinien werden nach und nach von der Tusche verdrängt, die Vorzeichnung wird abgelöst. Die Feder zeichnet jetzt neue Zweige, die sich um Stämme und große Äste verdichten. Die übereinander liegenden Stämme und Äste verlangen besondere Beachtung, damit eine räumliche Wirkung entsteht. Die Schraffur der Stämme erfolgt durch viele kurze gekrümmte Linien, die quer zur Wuchsrichtung angelegt werden. Die rechte Seite bleibt dabei teilweise frei, damit der Eindruck von Licht und Schatten entsteht. Der Hintergrund kommt nun kräftiger ins Bild. Die Baumgruppe am rechten Bildrand wird in diesem Arbeitsgang fertig gezeichnet. Das Ufer des Baches wird gezeichnet und damit der Bachlauf konkretisiert. Eine Vielzahl längerer und kürzerer Linien, die sich an einigen Stellen verdichten, geben die Gräser der Böschungen wieder. Lichte Stellen wechseln sich mit dunklen ab. Mit den Uferböschungen entstehen zugleich die größeren Grasflächen. Das Weiß des Papiers spielt eine wichtige Rolle. Das Wasser soll ebenfalls zum großen Teil frei bleiben. Die linke Seite wird mit zunächst waagerechten Linien schattiert. Diese werden möglichst parallel angelegt und können etwas länger ausfallen.

Dritter Schritt

Die Stämme der Bäume im Vordergrund werden durch eine dichte Schraffur massiver. Das Geäst wird fertig gezeichnet und steht als starker Kontrast vor einem freibleibenden Himmel. Der Wald wird mit vielen kurzen Strichen herausgearbeitet, wobei die Stämme der vorderen Bäume ihr Weiß behalten. Die Uferbereiche müssen noch stärker herauskommen und werden noch einmal durchgezeichnet. Die Schattierung der Wasseroberfläche gelingt durch mehrere Lagen sich überschneidender Linien. Die Grasflächen des Vordergrundes erhalten nur eine sporadische Zeichnung.

Stadtansicht (Metallfeder, Umbratusche)

Einzelne Gebäude oder auch ganze Stadtansichten sind hervorragende Motive für Federzeichnungen. Mit der feinen Spitze der Metallfeder können architektonische Details problemlos gezeichnet werden. Kontraste können sehr präzise herausgearbeitet und geometrische Formen scharf voneinander abgesetzt werden. Dieses Motiv zeigt die kleine französische Stadt Apremont.

Benötigtes Material: starkes Zeichenpapier mit fester Oberfläche, eine kleine Stahlfeder, Bleistift und Umbratusche.

Erster Schritt

Die Vorzeichnung mit dem Bleistift sollte recht genau sein, damit die Umrisse der Häuser und ihre perspektivische Anordnung stimmen. Das gilt auch für die Burganlage auf dem Hügel. Schornsteine, Fenster, Fensterläden, Türen und Dachpfannen müssen schon in der Bleistiftzeichnung dargestellt sein. Später sind Korrekturen mit Feder und Tusche kaum noch möglich. Die Federzeichnung beginnt auf der linken Seite des Blattes. Hausteile und andere größere Bildelemente werden mit einer einfachen Umrisslinie erfasst. Dabei folgt die Feder möglichst genau den Bleistiftlinien. Die Zeichnung entwickelt sich weiter zur Mitte und zum rechten Bildrand. Fenster, Dächer und Schornsteine entstehen in einem kräftigen Umbraton. Noch stehen Feder- und Bleistiftzeichnung nebeneinander auf dem Papier.

Zweiter Schritt

Nach und nach werden alle Häuser erfasst. Einfache und klare Tuschelinien zeigen jetzt eine Ansammlung von Häusern mit Straßen. Alle wesentlichen Details sind ebenfalls eingezeichnet.

Die Dächer erhalten nun ihre Dachpfannen, auf der linken Bildseite wird begonnen. Der entsprechende Dachabschnitt befindet sich im Vordergrund, die einzelnen Ziegel sind also deutlich zu sehen.

Bei den Häusern im Hintergrund kann großzügiger verfahren werden. Hier bleibt vieles nur Andeutung. Für Burghügel und Burg reichen einfache Umrisslinien aus. Fenster und Schießscharten werden auf diese Weise ebenfalls erfasst. Anschließend kommen Bäume und Sträucher hinzu. Himmel- und Wolkenformation werden nicht ausgelassen. Sie erscheinen soweit im Bild, dass die ganze Komposition bereits stimmig wirkt.

Dritter Schritt

Himmel und Wolken werden fertig gezeichnet. Danach folgt die Vegetation, die recht dunkel dastehen soll. Fenster, Brüstung und Efeubewuchs der Burganlage erfordern eine Vielzahl kleiner Linien, die umsichtig gesetzt werden müssen. Besonders bei den Fenstern muss jede Linie an der richtigen Stelle gezeichnet werden.

Die Rundung der Türme wird mit entsprechend gekrümmten Linien und einer kleinen Schraffur deutlich gemacht. Für den Grashügel werden an einigen Stellen kleine Striche gesetzt, der größte Teil der Fläche bleibt jedoch frei. Der obere Bildteil ist damit fertig gestellt. Die Häuser werden von links nach rechts weitergezeichnet.

Die Details stellen sich jetzt deutlich dar, und die Schatten verweisen auf Licht, das von links einfällt. So erhält die Zeichnung eine zusätzliche räumliche Wirkung.

Feldweg (Metallfeder, Bistertusche)

Für viele Künstler war ein solches Motiv in den letzten Jahrhunderten obligatorisch. Es gibt daher eine Fülle von Zeichnungen, die sich auf unterschiedliche Weise damit beschäftigen. Ein solches Stück Natur ist als Motiv zeitlos. Auch heute lohnt es sich, nach einem derartigen Bildausschnitt zu suchen. Sie können auch ein Foto verwenden, doch direkt vor Ort lernt man mehr.

Benötigtes Material: festes helles Papier, eine kleine Stahlfeder, Bleistift, ein mittlerer Aquarellpinsel sowie Bistertusche original und mit destilliertem Wasser verdünnt.

Erster Schritt

Die Bleistiftzeichnung beschränkt sich auf die Umrisse von Bäumen und Gebüschen. Weg und Vordergrund werden nur knapp angedeutet. Dann können die Bleistiftlinien mit Tusche nachgezogen werden. Dies geschieht mit vielen kurzen Linien, die in den Laubbereichen mehr oder weniger gekrümmt sind. Für die Gräser können sie gerade sein. Für den Wipfel des vorderen Baumes erscheint das Laub nicht als eine zusammenhängende Masse, sondern differenziert. Es handelt sich um verschieden große Laubmassen, die in diesem Stadium noch eher locker und leicht erscheinen. Die Gebüsche wirken dagegen kompakter. Alle diese Linien werden mit der Originaltusche gezogen, die erst zum Lavieren nach Bedarf verdünnt wird.

Zweiter Schritt

Nun kann laviert werden. Dafür muss die Tusche verdünnt werden. Man füllt ein wenig Tusche in ein kleines Gefäß und gibt etwas destilliertes Wasser dazu. Die neue Farbtönung wird am besten erst einmal auf einem Stück Papier ausprobiert, um die richtige Intensität herauszufinden. Da eine Stelle mehrmals laviert werden kann, ist weniger Tusche besser als zu viel. Zunächst werden Baumstämme und Äste laviert, wobei jeweils von der linksseitigen Umrisslinie ausgegangen wird. Schmale Streifen bleiben auf der rechten Seite frei. Die Laubpartien erfordern mehr Aufmerksamkeit. Der „wolkige" Charakter soll zur Geltung kommen. Für die Unterseiten wird eine kräftige Lasur aufgetragen, die bis zu den linksseitigen Umrisslinien weitergeführt wird.

Dritter Schritt

Mit dem Aquarellpinsel wird nun besonders im Laubbereich laviert. Dabei müssen rechtsseitig genügend freie Stellen bleiben, um die Licht- und Schattenwirkung zu erhalten oder zu vertiefen. An einigen Stellen wird über die getrocknete Lavur mit der Feder hinweggearbeitet. Diesen Prozess kann man so oft wiederholen, bis die gewünschte Intensität erreicht ist. Wichtig ist, festes Papier für eine solche Technik zu verwenden.

Zusätzlich können noch an einigen Stellen Zweige gezeichnet werden, um das Laubgebilde aufzulockern. Die lavierte Federzeichnung nähert sich dem Aquarell an. Eine Federzeichnung lässt sich mit diversen Farbtönen auch ganz durchaquarellieren. Diese Methode ist für frühere Buchillustrationen oft angewendet worden. Wichtig ist, beim Lavieren sparsam und behutsam vorzugehen und nicht zu viel zu lavieren.

Baumstudie (Bambusfeder, Umbratusche)

Der relativ dicke Strich einer Bambusfeder
eignet sich gut für starke Akzente, expressive
Darstellungen und entsprechend betonte
Studien.

 **Benötigtes Material:** festes getöntes
Papier (es muss keine besonders glat-
te Oberfläche haben), eine Bambusfeder, Pinsel, Bleistift B 4 und Umbratusche.

Erster Schritt

Zunächst entsteht eine Vorzeichnung mit
weichem Bleistift. Festgehalten werden nicht
Feinheiten und Details, sondern die Größe
und Form der Objekte und ihre Zuordnung
im Raum. Dies geschieht mit einfachen und
kräftigen Linien. Details, wie der Riss im
Stamm oder Äste, werden nur angedeutet.
Da nicht viel korrigiert werden muss, genügt
die flüchtige Vorgabe.

Zweiter Schritt

Jetzt beginnt die Arbeit mit Bambusfeder und Tusche. Dabei sollte die Feder nicht ins Tuscheglas getaucht werden, da der Abfluss der Tusche dadurch schwer kontrollierbar wird und leicht ungewollte Kleckse zur Folge hätte. Bei dieser Methode sollte die Feder vor dem Zeichnen unbedingt mit einem Papiertuch abgetupft werden. Um sauberer zu arbeiten empfiehlt es sich, einen Pinsel zu Hilfe zu nehmen und damit Tusche in die Öffnung der Bambusfeder zu geben. Im zweiten Schritt werden die Bleistiftlinien nachgezogen. Damit sind die großen Formen festgelegt. Für eine intensive und weitere Ausarbeitung besteht also noch viel Spielraum.

Dritter Schritt

Jetzt wird die Zeichnung detaillierter. Dabei wird relativ frei verfahren. Die eigentümliche Form der Kopfweiden und ihr gespaltener Stamm stehen im Mittelpunkt. Die Zeichnung soll eine räumliche Wirkung erhalten, Licht und Schatten spielen also eine wichtige Rolle.

Durch Strukturlinien, es eignen sich besonders kurze kräftige Linien, gewinnt die Zeichnung an Körperlichkeit. Einige Partien werden recht dunkel gezeichnet. Zu diesem Zweck werden Linien übereinander gelegt,

und eine Art Schraffur wird erzeugt. Sie ist etwas grob, passt aber zu der Urtümlichkeit der alten Kopfweiden. Die hintere Weide existiert nur im Anschnitt.

Das Geäst spielt nur als Akzent und Ergänzung eine Rolle und wird deshalb lediglich angedeutet. Allerdings werden die Äste nicht beliebig angesetzt, sondern an Stellen, die natürlich erscheinen. Der Hintergrund wird als flüchtige Andeutung ins Bild gebracht. Den Untergrund bearbeitet man stärker, da auf ihm die Bäume stehen.

Landschaft im Süden (Vogelfeder, Umbratusche)

Mit Vogel- und Rohrfedern lässt sich hervorragend zeichnen. Da Schraffuren kaum möglich sind, bleibt es bei Umriss- und Strukturlinien. Gerade darin liegt der besondere Reiz dieser Zeichnungen. Aus kräftigen und klaren Linien entstehen die einzelnen Bildelemente. Das Resultat ähnelt einem Holzschnitt, die Wirkung beruht auf Kontrasten.

 **Benötigtes Material:** getöntes Zeichenpapier, eine kräftige gut zugespitzte Vogelfeder, weicher Bleistift (B4) und Umbratusche.

Erster Schritt

Diese Landschaft könnte sich aufgrund der hohen Pyramidenpappeln irgendwo in Italien oder im südlichen Frankreich befinden. Die Szenerie ist auf relativ wenige Elemente beschränkt, so ist die Vorzeichnung nicht weiter kompliziert. Mit einem weichen Bleistift werden die Umrisslinien von allen Bildelementen gezeichnet. Details sind hierbei nicht wichtig. Wichtig ist, dass alle Elemente die richtige Form erhalten und an der richtigen Stelle platziert werden. Der weiche Bleistift bietet die besten Korrekturmöglichkeiten, hat aber auch den Nachteil, dass die Linien im Verlauf der weiteren Zeichnung leicht verwischen.

Zweiter Schritt

Die Arbeit mit der Vogelfeder, hier wurde ein Gänsekiel verwendet, beginnt auf der linken Bildseite. Da die einzelnen Linien recht kräftig ausfallen, braucht die Tusche etwas mehr Zeit zum Trocknen als beim Zeichnen mit der Metallfeder.

Wird die Zeichnung links begonnen, lassen sich Verwischungen leichter vermeiden (wenn Sie Rechtshänder sind, sonst gehen Sie umgekehrt vor). Ein Blatt Papier, das man auf die rechte Bildseite legt, schützt die Bleistiftlinien. Bevor die Feder auf dem Zeichenblatt aufgesetzt wird, sollte sie kurz auf saugfähigem Papier abgetupft werden, um Kleckse zu vermeiden. Zunächst werden die Umrisslinien mit Tusche nachgezogen. Bei Pappeln, Büschen und den übrigen Bäumen sollten

dies keine durchgehenden Linien sein. Diese Zeichnung besteht aus kurzen Linien, die unterschiedlich gekrümmt sind und häufig ihre Richtung ändern.

Durchgehende Linien werden nur bei den Gebäuden angelegt. Himmel und Wolken bleiben erst einmal frei. Sie werden zuletzt gezeichnet.

Dritter Schritt

Die Arbeit hat noch den Charakter einer Vorzeichnung. Die Tuschelinien wirken nur ungleich stärker als die Bleistiftlinien. Die Aufmerksamkeit gilt jetzt den Zypressenpappeln. Von ihrer linken Seite her werden Strukturlinien gezogen, am besten von unten nach oben. Die einzelnen Linien werden sehr differenziert aufgebracht. Die Bäume sollen Licht und Schatten erhalten und möglichst lebendig wirken. Die freien Stellen unterstützen diese Wirkung, wenn sie richtig platziert werden. Die Zeichnung entwickelt sich nach rechts weiter und vollendet den gesamten Baumbereich. Die kleineren Bäume erhalten eine andere Linienstruktur als die Pappeln. Die Ackerfurchen auf der linken Bildseite werden von hinten nach vorn gezeichnet. Auf diese Weise werden aus Punkten im Hintergrund immer größere Krumen, und eine perspektivische Wirkung entsteht. Der größte Teil der anschließenden Rasenfläche bleibt frei. Kurze Linien verdichten sich zum Vordergrund hin und deuten die Gräser an. An einigen Stellen werden Steine in Umrissen eingezeichnet. Ihre Flächen bleiben frei und bilden den nötigen Kontrast zu den Gräsern. Sind alle Linien gut abgetrocknet, kann der Himmel gezeichnet werden. Die Umrisse der Wolken sind als Bleistiftlinien vorhanden. Kurze Striche füllen den freien Himmel um die Wolken herum aus. Die Linien verlaufen alle in einer Richtung und bilden so eine relativ gleichmäßige Fläche. Zum Schluss werden die Bleistiftlinien ausradiert.

Figurengruppe (Metallfeder, schwarze Tusche, Sepia)

Die Lavur kann eine Federzeichnung ausgezeichnet ergänzen. Meistens werden die Schattenpartien laviert, wodurch man auf eine mehr oder weniger intensive Schraffur verzichten kann. Der Aquarellpinsel schafft mühelos weiche Übergänge und verleiht einer Zeichnung eine besondere Stimmung. Diese Technik eignet sich gut für viele figürliche Darstellungen.

Benötigtes Material: festes Zeichenpapier mit glatter Oberfläche, eine feine Stahlfeder, schwarze Tusche, verdünnte Sepiatusche, Bleistift B oder B 2 und ein mittlerer Aquarellpinsel.

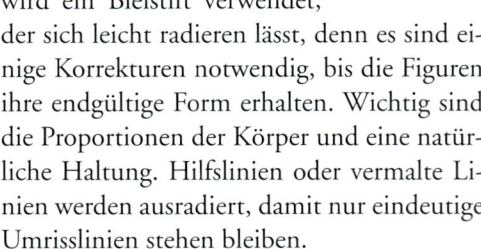

Erster Schritt

Eine klare Bleistiftzeichnung steht am Anfang. Die beiden Figuren werden dabei ziemlich genau in die Bildmitte gesetzt. Für die Vorzeichnung wird ein Bleistift verwendet, der sich leicht radieren lässt, denn es sind einige Korrekturen notwendig, bis die Figuren ihre endgültige Form erhalten. Wichtig sind die Proportionen der Körper und eine natürliche Haltung. Hilfslinien oder vermalte Linien werden ausradiert, damit nur eindeutige Umrisslinien stehen bleiben.

Zweiter Schritt

Mit der Feder werden die Bleistiftlinien möglichst genau nachgezogen. Sie wird dabei immer wieder abgesetzt, auch das macht das Zeichnen einfacher und genauer. Es entsteht eine einfache und klare Zeichnung.

Dritter Schritt

Sepiatusche wird nun ausreichend verdünnt, um besser Schritt für Schritt lavieren zu können. Man beginnt auf der linken Seite mit schnellen senkrechten Pinselstrichen. Die hintere Figur wird dabei sorgfältig ausgespart. Sie steht jetzt deutlich vor dem dunkleren Hintergrund, der ruhig unbestimmt bleiben kann, da er nur den Kontrast liefern soll. Haar, Gesicht und Kleid der Frau werden nur wenig laviert. Für die sitzende Frau wird mehr Tusche eingesetzt. Kleid und Haar sollen recht dunkel ausfallen und einen starken Kontrast zur hinteren Figur bilden. Es empfiehlt sich, von der linken Seite her zu lavieren, um den Verlauf von Dunkel nach Hell einzuhalten. Arme, Gesicht und Fuß bleiben ausgespart. Berücksichtigt werden nur die größeren Falten des Kleides. Die dünnen Linien der Metallfeder werden nachgezogen und flächig erweitert. Mit häufiger Übermalung wird das Resultat immer dunkler. Es ist wichtig, die Lavuren an die richtige Stelle zu setzen, denn aufhellen lassen sich diese Flächen nicht mehr. Untergrund und Sitzgelegenheit werden nur angedeutet.